INTRODUCCIÓN

¡Bienvenido a "Trading para Principiantes"! Si estás leyendo esto, probablemente hayas oído hablar del trading y te sientas intrigado por sus posibilidades. Tal vez has escuchado historias de personas que han hecho grandes sumas de dinero operando en los mercados financieros, o quizás simplemente quieras entender mejor cómo funcionan las inversiones. Cualquiera que sea tu motivación, este libro está diseñado para ayudarte a dar tus primeros pasos en el mundo del trading.

OBJETIVO DEL LIBRO

El objetivo de este libro es proporcionarte una guía comprensible y detallada sobre el trading, enfocada en aquellos que no tienen conocimientos técnicos avanzados. Aquí aprenderás los conceptos básicos, las estrategias más comunes y las herramientas necesarias para comenzar a operar en los mercados financieros con confianza.

A QUIÉN VA DIRIGIDO

Este libro está dirigido a cualquier persona que quiera empezar a aprender sobre trading desde cero. No necesitas tener experiencia previa en finanzas ni en inversiones. Todo lo que se requiere es interés y disposición para aprender.

Vamos a desglosar los conceptos complejos en términos simples y te guiaremos paso a paso en tu viaje para convertirte en un trader informado y seguro.

¿QUÉ PUEDES ESPERAR?

A lo largo de este libro, cubriremos una amplia variedad de temas esenciales para el trading, incluyendo:

- Los fundamentos del trading y los diferentes tipos de mercados financieros.
- Cómo elegir y utilizar una plataforma de trading.
- Los principios del análisis fundamental y técnico.
- Diversas estrategias de trading y cómo aplicarlas.
- La importancia de la gestión de riesgos y la psicología en el trading.
- Cómo planificar y registrar tus operaciones para mejorar tu rendimiento.

Cada capítulo está diseñado para ser claro y directo, proporcionándote la información que necesitas de manera estructurada y fácil de seguir. Además, hemos incluido un glosario al final del libro donde encontrarás definiciones de los términos clave utilizados a lo largo del texto.

UN ENFOQUE PRÁCTICO

Más allá de la teoría, este libro también se enfoca en la aplicación práctica del conocimiento adquirido. Te proporcionaremos ejemplos y ejercicios que te ayudarán a poner en práctica lo que has aprendido, asegurándote de que no solo entiendas los conceptos, sino que también sepas cómo utilizarlos en situaciones reales.

MOTIVACIÓN Y CONSEJOS FINALES

El trading puede ser una actividad emocionante y lucrativa, pero también conlleva riesgos y requiere dedicación y aprendizaje continuo. No te desanimes si al principio encuentras algunos obstáculos; todos los traders exitosos han pasado por una curva de aprendizaje similar. La clave es la paciencia, la disciplina y la disposición para aprender de tus errores.

Al finalizar este libro, esperamos que te sientas más seguro y preparado para iniciar tu camino en el trading, con una sólida comprensión de los fundamentos y las estrategias necesarias para tener éxito.

¡Empecemos este emocionante viaje juntos!

CAPÍTULO 1: CONCEPTOS BÁSICOS DEL TRADING

¿QUÉ ES EL TRADING?

El trading, o comercio de activos financieros, es la compra y venta de instrumentos financieros con el objetivo de obtener beneficios. A diferencia de la inversión tradicional, donde se busca acumular riqueza a largo plazo, el trading se enfoca en capitalizar las fluctuaciones de precios en períodos cortos.

Los traders utilizan diversas estrategias para predecir los movimientos de los precios y tomar decisiones informadas. Estas estrategias pueden variar desde análisis fundamental, que se basa en datos económicos y financieros, hasta análisis técnico, que utiliza gráficos y patrones de precios históricos.

TIPOS DE TRADING

- **Day Trading**: Operaciones que se abren y cierran en el mismo día.
- **Swing Trading**: Operaciones que se mantienen abiertas durante varios días o semanas.
- **Scalping**: Estrategia que busca obtener pequeñas ganancias a partir de movimientos rápidos en el mercado.
- **Trading de Posición**: Operaciones mantenidas durante meses o incluso años.

TIPOS DE MERCADOS FINANCIEROS

Hay varios mercados financieros donde los traders pueden operar. Cada uno tiene sus características y particularidades:

ACCIONES

El mercado de acciones es quizás el más conocido. Aquí, los traders compran y venden acciones de empresas públicas. Las acciones representan una porción de propiedad en una empresa. Los precios de las acciones pueden fluctuar por diversas razones, incluyendo reportes de ganancias, cambios en la dirección de la empresa y condiciones económicas generales.

FOREX

El mercado de divisas, o Forex, es el mercado financiero más grande del mundo, con un volumen diario de transacciones que supera los 6 billones de dólares. En Forex, los traders compran y venden pares de divisas, como el EUR/USD o el GBP/JPY. Las fluctuaciones de los tipos de cambio pueden ser influenciadas por factores económicos, políticos y sociales.

CRIPTOMONEDAS

Las criptomonedas, como Bitcoin y Ethereum, son activos digitales que utilizan criptografía para asegurar las transacciones. Este mercado es conocido por su alta volatilidad, lo que ofrece oportunidades para obtener ganancias significativas, pero también conlleva riesgos elevados.

COMMODITIES

Los commodities son bienes físicos como el oro, el petróleo y los productos agrícolas. Estos activos se negocian en mercados de futuros, donde los traders compran y venden contratos que representan una cantidad específica de un commodity a un precio acordado para una fecha futura.

TERMINOLOGÍA BÁSICA

Antes de adentrarnos más en el mundo del trading, es importante familiarizarnos con algunos términos clave:

- **Activo**: Cualquier recurso económico que puede ser comprado, vendido o intercambiado en el mercado.
- **Broker**: Intermediario que facilita las operaciones de compra y venta en los mercados financieros.
- **Spread**: Diferencia entre el precio de compra y el precio de venta de un activo.
- **Leverage (Apalancamiento)**: Uso de fondos prestados para aumentar la exposición en el mercado, permitiendo a los traders controlar una posición más grande con una inversión menor.
- **Margin (Margen)**: Cantidad de dinero que un trader debe depositar para abrir una posición apalancada.
- **Pip**: Unidad de medida del movimiento del precio en el mercado Forex, generalmente el cuarto decimal en un par de divisas.

TIPOS DE ÓRDENES EN TRADING

Al operar en los mercados financieros, es crucial entender los diferentes tipos de órdenes que puedes utilizar. Estas órdenes te ayudan a ejecutar tus estrategias de trading de manera efectiva.

ORDEN DE MERCADO

Una orden de mercado es una instrucción para comprar o vender un activo al mejor precio disponible en el mercado en ese momento. Este tipo de orden se ejecuta casi instantáneamente, pero el precio al que se ejecuta puede variar, especialmente en mercados volátiles.

ORDEN LIMITADA

Una orden limitada es una instrucción para comprar o vender un activo a un precio específico o mejor. Por ejemplo, si deseas comprar acciones de una empresa a $50 o menos, colocas una orden limitada a $50. Esta orden solo se ejecutará si el precio del activo alcanza o es mejor que el precio que has especificado.

STOP LOSS

Una orden de stop loss se utiliza para limitar las pérdidas potenciales en una operación. Estableces un precio de stop, y si el precio del activo alcanza ese nivel, la orden se convierte en una orden de mercado y se ejecuta automáticamente. Esto te ayuda a gestionar el riesgo y proteger tu capital.

TAKE PROFIT

Una orden de take profit es similar a una orden de stop loss, pero se utiliza para asegurar las ganancias. Estableces un precio de take profit, y si el precio del activo alcanza ese nivel, la orden se ejecuta automáticamente, cerrando la posición con ganancias.

FACTORES QUE AFECTAN EL MERCADO

Los mercados financieros son influenciados por una multitud de factores que pueden hacer que los precios fluctúen. Comprender estos factores es crucial para tomar decisiones de trading informadas.

FACTORES ECONÓMICOS

Los datos económicos, como el Producto Interno Bruto (PIB), las tasas de interés, y los índices de inflación, tienen un gran impacto en los mercados financieros. Por ejemplo, una tasa de interés más alta en un país puede atraer más inversiones extranjeras, fortaleciendo su moneda.

FACTORES POLÍTICOS

Las decisiones políticas, elecciones, y eventos geopolíticos también pueden afectar los mercados. Un cambio en el gobierno o en las políticas económicas puede influir en la confianza de los inversores y, por lo tanto, en los precios de los activos.

SENTIMIENTO DEL MERCADO

El sentimiento del mercado refleja las actitudes y expectativas de los inversores y traders. Las noticias, rumores y la percepción general pueden causar fluctuaciones en los precios, a veces de manera irracional.

VENTAJAS Y DESVENTAJAS DEL TRADING

VENTAJAS

- **Potencial de Alta Rentabilidad**: El trading puede generar altos retornos en períodos cortos.
- **Flexibilidad**: Puedes operar en cualquier momento y desde cualquier lugar con acceso a internet.
- **Diversificación**: Puedes operar en una variedad de mercados y activos.

DESVENTAJAS

- **Riesgo de Pérdidas**: Existe un alto riesgo de perder dinero, especialmente para los traders inexpertos.
- **Volatilidad**: Los mercados pueden ser muy volátiles, lo que puede ser tanto una ventaja como una desventaja.
- **Requiere Tiempo y Dedicación**: El trading exitoso requiere tiempo para aprender y desarrollar habilidades.

CONSEJOS PARA PRINCIPIANTES

Para concluir este capítulo, aquí tienes algunos consejos clave para aquellos que están comenzando en el trading:

- **Educación Continua**: Nunca dejes de aprender. Los mercados y las estrategias están en constante evolución.
- **Empieza Pequeño**: Comienza con una pequeña cantidad de capital que puedas permitirte perder.
- **Practica con Cuentas Demo**: Utiliza cuentas demo para practicar sin arriesgar dinero real.
- **Controla Tus Emociones**: Mantén la calma y evita decisiones impulsivas basadas en emociones.
- **Desarrolla un Plan de Trading**: Ten un plan claro y síguelo disciplinadamente.

CAPÍTULO 2: PLATAFORMAS DE TRADING

SELECCIÓN DE UNA PLATAFORMA DE TRADING

Elegir la plataforma de trading adecuada es un paso crucial para cualquier trader principiante. La plataforma que selecciones puede influir significativamente en tu experiencia de trading y en tu capacidad para ejecutar estrategias de manera eficiente. Aquí hay algunos factores clave a considerar al elegir una plataforma:

FACILIDAD DE USO

Es esencial que la plataforma sea intuitiva y fácil de usar, especialmente si eres un principiante. Debes sentirte cómodo navegando por la interfaz, ejecutando órdenes y accediendo a herramientas de análisis.

COSTOS Y COMISIONES

Cada plataforma de trading tiene su estructura de costos. Algunos cobran comisiones por cada transacción, mientras que otros tienen spreads más amplios. Asegúrate de entender todas las tarifas asociadas antes de comprometerte con una plataforma.

HERRAMIENTAS Y RECURSOS

Las plataformas varían en términos de las herramientas y recursos que ofrecen. Busca una que proporcione gráficos avanzados, indicadores técnicos, y noticias del mercado en tiempo real. Estas herramientas son esenciales para tomar decisiones informadas.

SEGURIDAD

La seguridad es fundamental cuando se trata de trading online. Asegúrate de que la plataforma esté regulada por autoridades financieras y que tenga medidas de seguridad robustas, como el cifrado de datos y la autenticación de dos factores.

SOPORTE AL CLIENTE

El soporte al cliente eficiente es vital, especialmente si encuentras problemas técnicos o tienes preguntas sobre la plataforma. Busca plataformas que ofrezcan soporte 24/7 y múltiples canales de comunicación, como chat en vivo, correo electrónico y teléfono.

CONFIGURACIÓN DE UNA CUENTA DE TRADING

Una vez que hayas seleccionado una plataforma, el siguiente paso es configurar tu cuenta de trading. Este proceso generalmente incluye los siguientes pasos:

REGISTRO

Visita el sitio web de la plataforma y busca la opción para registrarte. Deberás proporcionar información personal básica, como tu nombre, dirección de correo electrónico y número de teléfono.

VERIFICACIÓN DE IDENTIDAD

La mayoría de las plataformas requieren que verifiques tu identidad para cumplir con las regulaciones contra el lavado de dinero. Esto suele implicar la carga de documentos como una identificación con foto y un comprobante de domicilio.

DEPÓSITO DE FONDOS

Después de verificar tu identidad, necesitarás depositar fondos en tu cuenta. Las plataformas suelen ofrecer varias opciones de depósito, incluyendo transferencia bancaria, tarjeta de crédito/débito y servicios de pago electrónico como PayPal.

CONFIGURACIÓN DE LA PLATAFORMA

Configura la plataforma según tus preferencias. Esto puede incluir la personalización de la interfaz, la configuración de alertas de precios y la adición de herramientas e indicadores a tus gráficos.

NAVEGACIÓN POR LA PLATAFORMA

Familiarizarse con la plataforma de trading es crucial para operar de manera eficiente. A continuación, se describen algunas características y funciones comunes que debes conocer.

PANEL DE CONTROL

El panel de control es la página principal de la plataforma donde puedes ver un resumen de tu cuenta, incluidas tus posiciones abiertas, saldo disponible y cualquier orden pendiente.

GRÁFICOS Y HERRAMIENTAS DE ANÁLISIS

Los gráficos son una parte esencial de cualquier plataforma de trading. Aprende a usar los diferentes tipos de gráficos (lineales, de velas, de barras) y a aplicar indicadores técnicos para analizar el mercado.

EJECUCIÓN DE ÓRDENES

Comprender cómo ejecutar órdenes de compra y venta es fundamental. La mayoría de las plataformas ofrecen diferentes tipos de órdenes, como órdenes de mercado, órdenes limitadas, stop loss y take profit. Practica la ejecución de estas órdenes en una cuenta demo antes de arriesgar dinero real.

GESTIÓN DE POSICIONES

La gestión de posiciones implica supervisar y ajustar tus operaciones abiertas. Aprende a modificar órdenes, cerrar posiciones y configurar alertas para mantenerse informado sobre los movimientos del mercado.

INFORMES Y ESTADÍSTICAS

Revisa regularmente los informes y estadísticas de tu cuenta para analizar tu rendimiento. Esto puede incluir un resumen de tus ganancias y pérdidas, el rendimiento de tus estrategias y la identificación de áreas de mejora.

CAPÍTULO 3: ANÁLISIS FUNDAMENTAL

¿QUÉ ES EL ANÁLISIS FUNDAMENTAL?

El análisis fundamental es un método para evaluar el valor intrínseco de un activo financiero al examinar factores económicos, financieros y otros cualitativos y cuantitativos relacionados. En otras palabras, el análisis fundamental busca determinar si un activo está infravalorado o sobrevalorado basado en sus fundamentos subyacentes.

IMPORTANCIA DEL ANÁLISIS FUNDAMENTAL

El análisis fundamental es crucial porque permite a los traders y a los inversores tomar decisiones informadas basadas en el valor real de un activo. A diferencia del análisis técnico, que se centra en los movimientos de precios y patrones de gráficos, el análisis fundamental se centra en los factores que afectan el valor de un activo a largo plazo.

INDICADORES ECONÓMICOS CLAVE

Los indicadores económicos son estadísticas que reflejan el estado actual de la economía y que pueden tener un impacto significativo en los mercados financieros. Aquí hay algunos de los indicadores más importantes que debes conocer:

PRODUCTO INTERNO BRUTO (PIB)

El PIB mide el valor total de todos los bienes y servicios producidos en un país durante un período específico. Un PIB en crecimiento indica una economía fuerte, lo cual puede ser positivo para los mercados financieros.

TASA DE DESEMPLEO

La tasa de desempleo mide el porcentaje de la fuerza laboral que está desempleada y buscando trabajo. Una tasa de desempleo baja indica una economía fuerte, mientras que una tasa alta puede indicar problemas económicos.

ÍNDICE DE PRECIOS AL CONSUMIDOR (IPC)

El IPC mide los cambios en el precio de una cesta de bienes y servicios de consumo. Es un indicador clave de la inflación. Una inflación moderada puede ser saludable para la economía, pero una inflación demasiado alta o baja puede ser problemática.

TASAS DE INTERÉS

Las tasas de interés, establecidas por los bancos centrales, tienen un impacto significativo en los mercados financieros. Tasas de interés más altas pueden hacer que los activos denominados en esa moneda sean más atractivos, mientras que tasas más bajas pueden estimular el crecimiento económico.

CÓMO INTERPRETAR NOTICIAS Y REPORTES FINANCIEROS

Las noticias y los reportes financieros pueden tener un impacto inmediato en los precios de los activos. Aprender a interpretar esta información es esencial para tomar decisiones de trading informadas.

ANUNCIOS DE GANANCIAS

Los anuncios de ganancias de las empresas pueden causar movimientos significativos en los precios de las acciones. Si una empresa reporta ganancias mejor de lo esperado, el precio de sus acciones puede subir. Por el contrario, si las ganancias son peores de lo esperado, el precio puede bajar.

REPORTES ECONÓMICOS

Los reportes económicos, como los datos de empleo o los reportes de inflación, pueden tener un impacto significativo en los mercados. Los traders deben estar atentos a los calendarios económicos y estar preparados para actuar en función de los resultados.

EVENTOS GEOPOLÍTICOS

Eventos como elecciones, guerras, y cambios en las políticas gubernamentales pueden afectar los mercados financieros. Es importante estar al tanto de los desarrollos geopolíticos y considerar cómo pueden influir en los precios de los activos.

VENTAJAS Y DESVENTAJAS DEL ANÁLISIS FUNDAMENTAL

VENTAJAS

- **Perspectiva a Largo Plazo**: El análisis fundamental se enfoca en el valor intrínseco de un activo, lo cual es útil para estrategias de inversión a largo plazo.
- **Base Razonada**: Proporciona una base razonada para las decisiones de trading, basada en datos económicos y financieros sólidos.

DESVENTAJAS

- **Requiere Tiempo**: El análisis fundamental puede ser más lento y requerir más tiempo que el análisis técnico,

ya que implica revisar una gran cantidad de información.

- **Complejidad**: Puede ser complejo y difícil de entender para los principiantes, debido a la cantidad de factores que deben considerarse.

CONCLUSIÓN DEL CAPÍTULO

El análisis fundamental es una herramienta poderosa para evaluar el valor intrínseco de un activo y tomar decisiones de trading informadas. Aunque puede ser complejo y requerir mucho tiempo, proporciona una base sólida para entender los factores que influyen en los precios de los activos a largo plazo.

CAPÍTULO 4: ANÁLISIS TÉCNICO

¿QUÉ ES EL ANÁLISIS TÉCNICO?

El análisis técnico es un método de evaluación de activos que utiliza datos históricos de precios y volúmenes para predecir futuros movimientos de precios. A diferencia del análisis fundamental, que se centra en el valor intrínseco de un activo, el análisis técnico se enfoca en los patrones y tendencias del mercado.

PRINCIPIOS DEL ANÁLISIS TÉCNICO

1. **El precio lo descuenta todo**: Todos los factores que pueden afectar el precio ya están reflejados en el precio actual.
2. **El precio se mueve en tendencias**: Los precios tienden a moverse en tendencias, ya sean alcistas, bajistas o laterales.
3. **La historia se repite**: Los patrones de precios tienden a repetirse debido a la psicología del mercado.

HERRAMIENTAS Y GRÁFICOS

El análisis técnico se basa en gráficos y herramientas para identificar patrones y tendencias. Aquí hay algunas de las herramientas más comunes:

TIPOS DE GRÁFICOS

- **Gráfico de Líneas**: Muestra una línea que conecta los precios de cierre de un activo durante un período específico.
- **Gráfico de Barras**: Muestra los precios de apertura, cierre, máximo y mínimo de un activo en un período específico.
- **Gráfico de Velas Japonesas**: Similar al gráfico de barras, pero utiliza velas para mostrar la apertura, el cierre, el máximo y el mínimo.

INDICADORES TÉCNICOS

Los indicadores técnicos son cálculos basados en el precio y el volumen que los traders utilizan para identificar tendencias y señales de compra o venta. Algunos de los indicadores más comunes incluyen:

Media Móvil (Moving Average)

Las medias móviles suavizan los datos de precios para crear una línea de tendencia. Existen dos tipos principales:

- **Media Móvil Simple (SMA)**: Calcula el promedio de los precios de cierre durante un período específico.
- **Media Móvil Exponencial (EMA)**: Da más peso a los precios recientes, haciéndola más sensible a los cambios recientes en el mercado.

Índice de Fuerza Relativa (RSI)

El RSI es un oscilador que mide la velocidad y el cambio de los movimientos de precios. Un RSI por encima de 70

indica que un activo está sobrecomprado, mientras que un RSI por debajo de 30 indica que está sobrevendido.

Convergencia/Divergencia de Medias Móviles (MACD)

El MACD es un indicador de tendencia que muestra la relación entre dos medias móviles. Se utiliza para identificar cambios en la dirección, fuerza y duración de una tendencia.

PATRONES GRÁFICOS

Los patrones gráficos son formaciones en los gráficos de precios que indican posibles futuros movimientos de precios. Algunos de los patrones más comunes incluyen:

PATRONES DE CONTINUACIÓN

- **Triángulo Ascendente**: Indica que es probable que el precio continúe en su tendencia alcista.
- **Triángulo Descendente**: Sugiere que el precio probablemente continuará en su tendencia bajista.
- **Rectángulo**: Indica un período de consolidación antes de que el precio continúe en su tendencia previa.

PATRONES DE REVERSIÓN

- **Cabeza y Hombros**: Sugiere una reversión de una tendencia alcista a una bajista.
- **Doble Techo**: Indica una posible reversión bajista después de alcanzar dos picos.
- **Doble Suelo**: Sugiere una posible reversión alcista después de tocar dos fondos.

VENTAJAS Y DESVENTAJAS DEL ANÁLISIS TÉCNICO

VENTAJAS

- **Datos Accesibles**: El análisis técnico se basa en datos de precios y volúmenes que son fácilmente accesibles.
- **Aplicable a Cualquier Mercado**: Puede ser utilizado en cualquier mercado financiero.
- **Identificación de Tendencias**: Ayuda a identificar tendencias y patrones que pueden ser explotados para obtener beneficios.

DESVENTAJAS

- **Subjetividad**: La interpretación de patrones y señales puede ser subjetiva.
- **Eficiencia del Mercado**: Los mercados pueden ser eficientes, lo que significa que los patrones pasados no necesariamente se repetirán.
- **Dependencia del Pasado**: Se basa en datos históricos, que no siempre predicen el futuro.

CONCLUSIÓN DEL CAPÍTULO

El análisis técnico es una herramienta poderosa para los traders que buscan predecir futuros movimientos de precios basándose en datos históricos. Aunque no es infalible, proporciona una base sólida para tomar decisiones de trading informadas. Al combinar el análisis técnico con una buena gestión de riesgos y una disciplina estricta, los traders pueden mejorar significativamente sus posibilidades de éxito.

CAPÍTULO 5: ESTRATEGIAS DE TRADING

SCALPING

El scalping es una estrategia de trading que implica realizar múltiples operaciones en un solo día para obtener pequeñas ganancias en cada operación. Esta estrategia se basa en la alta frecuencia de operaciones y se aprovecha de los pequeños movimientos de precios.

CARACTERÍSTICAS DEL SCALPING

- **Alta Frecuencia**: Los scalpers realizan muchas operaciones en un día.
- **Corto Plazo**: Las operaciones se mantienen abiertas durante unos pocos segundos o minutos.
- **Pequeñas Ganancias**: Cada operación busca obtener pequeñas ganancias.

HERRAMIENTAS UTILIZADAS EN SCALPING

- **Gráficos de Corto Plazo**: Los scalpers usan gráficos de 1 minuto o 5 minutos.
- **Indicadores Técnicos**: Herramientas como el RSI, el MACD y las medias móviles son comunes.
- **Plataforma Rápida**: Una plataforma de trading rápida y confiable es crucial.

VENTAJAS Y DESVENTAJAS DEL SCALPING

Ventajas

- **Potencial de Alta Rentabilidad**: Puede generar altos retornos en períodos cortos.
- **Menos Exposición al Riesgo**: Las posiciones cortas significan menos exposición a movimientos adversos del mercado.

Desventajas

- **Alta Estrés**: Requiere una gran concentración y puede ser muy estresante.
- **Comisiones**: Las comisiones de las múltiples operaciones pueden sumar significativamente.

DAY TRADING

El day trading implica comprar y vender activos dentro del mismo día de trading. A diferencia del scalping, el day trading puede involucrar mantener posiciones durante varias horas.

CARACTERÍSTICAS DEL DAY TRADING

- **Operaciones Diarias**: Las operaciones se cierran antes del final del día de trading.
- **Análisis Técnico**: Se basa en gran medida en el análisis técnico y los gráficos intradía.
- **Gestión de Riesgos**: Se aplican técnicas estrictas de gestión de riesgos para proteger el capital.

HERRAMIENTAS UTILIZADAS EN DAY TRADING

- **Gráficos Intradía**: Gráficos de 5, 15 y 30 minutos son comunes.
- **Indicadores Técnicos**: RSI, MACD, medias móviles y bandas de Bollinger.
- **Noticias del Mercado**: Mantenerse al tanto de las noticias puede ser crucial.

VENTAJAS Y DESVENTAJAS DEL DAY TRADING

Ventajas
- **Cero Riesgo Nocturno**: No hay riesgo de movimientos adversos durante la noche.
- **Alta Rentabilidad**: Puede ser muy rentable si se hace correctamente.

Desventajas
- **Alta Estrés**: Puede ser agotador mentalmente.
- **Requiere Capital Significativo**: A menudo se necesita una cantidad significativa de capital para cubrir márgenes y comisiones.

SWING TRADING

El swing trading implica mantener posiciones durante varios días o semanas para capturar movimientos de precios más grandes. Es menos intensivo en tiempo que el day trading o el scalping.

CARACTERÍSTICAS DEL SWING TRADING

- **Medio Plazo**: Las posiciones se mantienen durante varios días o semanas.
- **Análisis Técnico y Fundamental**: Utiliza tanto análisis técnico como fundamental.
- **Menos Operaciones**: Menos operaciones en comparación con el scalping o el day trading.

HERRAMIENTAS UTILIZADAS EN SWING TRADING

- **Gráficos Diarios y Semanales**: Gráficos de mayor plazo como diarios y semanales.
- **Indicadores Técnicos**: Medias móviles, RSI y patrones gráficos.
- **Análisis Fundamental**: Consideración de factores económicos y noticias.

VENTAJAS Y DESVENTAJAS DEL SWING TRADING

Ventajas

- **Menos Estrés**: Menos estresante que el day trading o el scalping.
- **Mayor Potencial de Ganancias**: Captura movimientos de precios más grandes.

Desventajas

- **Riesgo Nocturno**: Exposición a movimientos adversos durante la noche.
- **Requiere Paciencia**: Necesita paciencia para mantener posiciones durante varios días o semanas.

POSITION TRADING

El position trading es una estrategia a largo plazo que implica mantener posiciones durante meses o incluso años. Se basa en la identificación de tendencias a largo plazo.

CARACTERÍSTICAS DEL POSITION TRADING

- **Largo Plazo**: Las posiciones se mantienen durante largos períodos.
- **Análisis Fundamental**: Fuerte dependencia del análisis fundamental.
- **Baja Frecuencia de Operaciones**: Menos operaciones, pero con mayores objetivos de ganancias.

HERRAMIENTAS UTILIZADAS EN POSITION TRADING

- **Gráficos Semanales y Mensuales**: Uso de gráficos de mayor plazo como semanales y mensuales.
- **Indicadores Técnicos**: Medias móviles a largo plazo, MACD y análisis fundamental.
- **Análisis Fundamental**: Consideración de factores económicos y noticias de largo plazo.

VENTAJAS Y DESVENTAJAS DEL POSITION TRADING

Ventajas

- **Menor Estrés**: Menos necesidad de monitoreo constante del mercado.
- **Captura de Tendencias a Largo Plazo**: Posibilidad de capturar grandes movimientos de precios a lo largo de meses o años.
- **Menos Comisiones**: Menor número de operaciones resulta en menos comisiones pagadas a los brokers.

Desventajas

- **Riesgo de Largo Plazo**: Exposición a eventos económicos o políticos que pueden impactar el mercado a largo plazo.
- **Requiere Paciencia y Disciplina**: Necesidad de mantener posiciones a pesar de las fluctuaciones de corto plazo.
- **Riesgo Nocturno**: Exposición a movimientos adversos durante la noche y fines de semana.

CONCLUSIÓN DEL CAPÍTULO

Cada estrategia de trading tiene sus propias características, ventajas y desventajas. Es importante que los traders principiantes prueben diferentes estrategias en cuentas demo antes de comprometerse con una en particular. La elección de la estrategia adecuada dependerá de tu personalidad, tu tolerancia al riesgo y tus objetivos de trading.

CAPÍTULO 6: GESTIÓN DE RIESGOS

IMPORTANCIA DE LA GESTIÓN DE RIESGOS

La gestión de riesgos es una parte esencial del trading. Sin una adecuada gestión de riesgos, incluso las mejores estrategias pueden resultar en pérdidas significativas. La gestión de riesgos implica identificar, evaluar y priorizar los riesgos, y tomar medidas para mitigarlos.

TÉCNICAS DE GESTIÓN DE RIESGOS

STOP LOSS Y TAKE PROFIT

Establecer órdenes de stop loss y take profit es crucial para gestionar riesgos. Un stop loss limita tus pérdidas en una operación, mientras que un take profit asegura tus ganancias al alcanzar un nivel de precio predeterminado.

- **Stop Loss**: Por ejemplo, si compras una acción a $100 y estableces un stop loss a $95, tu posición se cerrará automáticamente si el precio cae a $95, limitando tus pérdidas a $5 por acción.
- **Take Profit**: Si estableces un take profit a $110, tu posición se cerrará automáticamente al alcanzar ese nivel, asegurando una ganancia de $10 por acción.

TAMAÑO DE LA POSICIÓN

El tamaño de la posición se refiere a la cantidad de capital que decides invertir en una operación. La regla general es no arriesgar más del 1-2% de tu capital total en una sola operación. Esto ayuda a minimizar las pérdidas y preservar tu capital a largo plazo.

DIVERSIFICACIÓN

Diversificar tu portafolio implica invertir en diferentes tipos de activos y mercados para reducir el riesgo. La diversificación puede ayudarte a mitigar las pérdidas en un mercado al compensarlas con ganancias en otro.

USO DE APALANCAMIENTO

El apalancamiento permite a los traders controlar una posición más grande con una inversión menor, lo que puede amplificar tanto las ganancias como las pérdidas. Es crucial usar el apalancamiento con precaución y entender los riesgos involucrados.

PSICOLOGÍA DEL RIESGO

La psicología del trading juega un papel importante en la gestión de riesgos. Mantener la calma y la disciplina, y no dejarse llevar por las emociones, es esencial para tomar decisiones racionales y efectivas.

MANEJO DE EMOCIONES

Las emociones, como el miedo y la avaricia, pueden influir negativamente en tus decisiones de trading. Es importante desarrollar la capacidad de manejar tus emociones y seguir tu plan de trading, incluso cuando el mercado sea volátil.

DESARROLLO DE DISCIPLINA

La disciplina es clave en el trading. Esto implica seguir estrictamente tu plan de trading y tus reglas de gestión de riesgos, sin desviarte debido a influencias emocionales o impulsivas.

CONCLUSIÓN DEL CAPÍTULO

La gestión de riesgos es esencial para el éxito a largo plazo en el trading. Al utilizar técnicas como el stop loss, el take profit, el tamaño de la posición, la diversificación y el manejo adecuado del apalancamiento, los traders pueden proteger su capital y aumentar sus posibilidades de éxito. Además, la disciplina y el control emocional son fundamentales para mantener una gestión de riesgos efectiva.

CAPÍTULO 7: PSICOLOGÍA DEL TRADING

EMOCIONES EN EL TRADING

El trading no solo se trata de análisis técnico y fundamental; las emociones juegan un papel crucial en las decisiones de trading. Las emociones comunes en el trading incluyen el miedo, la avaricia, la esperanza y la euforia. Aprender a manejar estas emociones es vital para el éxito.

MIEDO

El miedo puede llevar a los traders a tomar decisiones precipitadas, como cerrar una posición ganadora demasiado pronto o mantener una posición perdedora por miedo a realizar una pérdida. Es importante reconocer y controlar el miedo para tomar decisiones basadas en la lógica y no en las emociones.

AVARICIA

La avaricia puede llevar a los traders a mantener posiciones ganadoras durante demasiado tiempo, con la esperanza de obtener aún más ganancias, lo que a menudo resulta en la pérdida de las ganancias acumuladas. La avaricia puede ser controlada estableciendo objetivos claros y utilizando órdenes de take profit.

ESPERANZA

La esperanza puede hacer que los traders mantengan posiciones perdedoras, esperando que el mercado se recupere. Esto puede resultar en pérdidas aún mayores. Es crucial tener un plan de salida y seguirlo estrictamente.

EUFORIA

La euforia, o la emoción extrema después de una serie de operaciones ganadoras, puede llevar a una sobreconfianza y a tomar riesgos excesivos. Es importante mantener la humildad y seguir el plan de trading, independientemente de los éxitos recientes.

CÓMO MANEJAR EL ESTRÉS Y LA ANSIEDAD

El trading puede ser estresante, especialmente en mercados volátiles. Aquí hay algunas estrategias para manejar el estrés y la ansiedad:

ESTABLECER RUTINAS

Tener una rutina diaria puede ayudarte a mantener la disciplina y reducir el estrés. Esto incluye horarios regulares para el análisis del mercado, la ejecución de operaciones y la revisión de tu plan de trading.

PRACTICAR LA MEDITACIÓN Y EL MINDFULNESS

La meditación y el mindfulness pueden ayudarte a mantener la calma y la concentración. Estas prácticas te permiten tomar un respiro y centrarte, lo que puede mejorar tu capacidad para tomar decisiones racionales.

EJERCICIO REGULAR

El ejercicio regular es una excelente manera de reducir el estrés y mantener una mente clara. La actividad física libera endorfinas, que pueden mejorar tu estado de ánimo y reducir la ansiedad.

MANTENER UN DIARIO DE TRADING

Mantener un diario de trading te permite reflexionar sobre tus operaciones y emociones. Anotar tus pensamientos y sentimientos después de cada operación puede ayudarte a identificar patrones emocionales y mejorar tu control emocional.

DESARROLLO DE LA DISCIPLINA

La disciplina es uno de los aspectos más importantes del trading. Aquí hay algunos consejos para desarrollar y mantener la disciplina:

SEGUIR UN PLAN DE TRADING

Un plan de trading bien definido debe incluir tus estrategias, reglas de gestión de riesgos y objetivos. Seguir este plan rigurosamente te ayudará a evitar decisiones impulsivas y a mantenerte enfocado en tus metas a largo plazo.

ESTABLECER METAS REALISTAS

Establecer metas realistas y alcanzables te ayudará a mantener la motivación y la disciplina. Estas metas deben ser específicas, medibles, alcanzables, relevantes y con un plazo definido.

APRENDER DE LOS ERRORES

Es importante aprender de tus errores en lugar de dejarte desanimar por ellos. Analiza tus operaciones perdedoras para identificar qué salió mal y cómo puedes mejorar en el futuro.

CONCLUSIÓN DEL CAPÍTULO

La psicología del trading es un componente esencial para el éxito. Al aprender a manejar tus emociones, reducir el estrés y desarrollar la disciplina, puedes mejorar significativamente tu rendimiento en el trading. Recuerda que el trading exitoso no se trata solo de habilidades técnicas, sino también de una mente fuerte y disciplinada.

CAPÍTULO 8: PLANIFICACIÓN Y REGISTRO

CREACIÓN DE UN PLAN DE TRADING

Un plan de trading bien estructurado es fundamental para el éxito a largo plazo. Un buen plan debe incluir tus objetivos, estrategias, reglas de gestión de riesgos y criterios de entrada y salida.

OBJETIVOS

Define tus objetivos de trading. ¿Estás buscando ingresos adicionales, construir riqueza a largo plazo, o algo más? Tener objetivos claros te ayudará a mantenerte enfocado y motivado.

ESTRATEGIAS

Describe las estrategias de trading que planeas utilizar. Esto puede incluir estrategias de scalping, day trading, swing trading o position trading. Asegúrate de detallar cómo y cuándo aplicarás cada estrategia.

REGLAS DE GESTIÓN DE RIESGOS

Incluye tus reglas de gestión de riesgos, como el tamaño de la posición, el uso de stop loss y take profit, y la diversificación. Estas reglas te ayudarán a proteger tu capital y minimizar las pérdidas.

CRITERIOS DE ENTRADA Y SALIDA

Define claramente tus criterios de entrada y salida. Esto incluye las condiciones del mercado que deben cumplirse antes de abrir una posición y las señales que utilizarás para cerrar una posición.

REGISTRO DE OPERACIONES

Mantener un registro detallado de tus operaciones es crucial para analizar tu rendimiento y mejorar tus estrategias.

INFORMACIÓN A REGISTRAR

- **Fecha y Hora**: Registra la fecha y hora de cada operación.
- **Activo**: Especifica el activo que estás negociando.
- **Dirección de la Operación**: Indica si la operación fue de compra o venta.
- **Precio de Entrada y Salida**: Anota los precios a los que entraste y saliste de la operación.
- **Tamaño de la Posición**: Registra el tamaño de la posición.
- **Resultado**: Anota el resultado de la operación, ya sea una ganancia o una pérdida.
- **Comentarios**: Incluye cualquier comentario o reflexión sobre la operación.

ANÁLISIS DE RENDIMIENTO

Revisar y analizar tu registro de operaciones te ayudará a identificar patrones y áreas de mejora. Esto puede incluir:

- **Tasa de Éxito**: Calcula el porcentaje de operaciones ganadoras frente a las operaciones perdedoras.
- **Promedio de Ganancias y Pérdidas**: Calcula el promedio de las ganancias y pérdidas por operación.
- **Factores de Éxito y Fracaso**: Identifica los factores que contribuyen a tus operaciones ganadoras y perdedoras.

CONCLUSIÓN DEL CAPÍTULO

La planificación y el registro son componentes esenciales para el éxito en el trading. Un plan de trading bien definido te proporciona una hoja de ruta clara, mientras que mantener un registro detallado de tus operaciones te permite analizar y mejorar tu rendimiento. Al implementar estas prácticas, puedes desarrollar una disciplina sólida y aumentar tus posibilidades de éxito en el trading.

CAPÍTULO 9: HERRAMIENTAS Y RECURSOS ADICIONALES

LIBROS RECOMENDADOS

La lectura de libros sobre trading puede proporcionar conocimientos valiosos y estrategias efectivas. Aquí hay algunos libros recomendados para traders principiantes:

- **"El inversor inteligente" de Benjamin Graham**: Un clásico de la inversión que enseña principios fundamentales de inversión a largo plazo.
- **"Trading for a Living" de Dr. Alexander Elder**: Ofrece una visión integral del trading, incluyendo análisis técnico, gestión de riesgos y psicología del trading.
- **"Market Wizards" de Jack D. Schwager**: Entrevistas con algunos de los traders más exitosos del mundo, proporcionando valiosas lecciones y estrategias.

CURSOS Y WEBINARS

Tomar cursos y participar en webinars puede ayudarte a profundizar tus conocimientos y habilidades en trading. Aquí hay algunos recursos recomendados:

- **Coursera**: Ofrece cursos de trading y finanzas de universidades de renombre.
- **Udemy**: Tiene una amplia variedad de cursos de trading para todos los niveles.
- **Webinars de Brokers**: Muchos brokers ofrecen webinars gratuitos sobre estrategias de trading, análisis de mercado y gestión de riesgos.

COMUNIDADES Y FOROS

Participar en comunidades y foros de trading te permite interactuar con otros traders, compartir ideas y aprender de sus experiencias. Aquí hay algunas comunidades recomendadas:

- **TradingView**: Ofrece una plataforma de gráficos interactivos y una comunidad activa de traders.
- **Reddit (r/Trading)**: Un foro donde los traders comparten ideas, estrategias y análisis de mercado.
- **BabyPips**: Un sitio web educativo con foros activos, especialmente útil para principiantes en Forex.

HERRAMIENTAS ADICIONALES

Existen diversas herramientas que pueden ayudarte a mejorar tu trading:

- **Plataformas de Trading**: MetaTrader, TradingView y Thinkorswim son populares entre los traders.
- **Calculadoras de Trading**: Herramientas que te ayudan a calcular el tamaño de la posición, el margen y las ganancias/pérdidas.
- **Software de Análisis Técnico**: Herramientas como TradeStation y NinjaTrader ofrecen análisis avanzado y personalización de gráficos.

CONCLUSIÓN DEL CAPÍTULO

El trading es un campo vasto y en constante evolución. Utilizar recursos adicionales como libros, cursos, webinars, comunidades y herramientas puede ayudarte a seguir aprendiendo y mejorando tus habilidades. La educación continua es clave para el éxito a largo plazo en el trading.

CONCLUSIÓN

RESUMEN DE PUNTOS CLAVE

A lo largo de este libro, hemos cubierto los conceptos básicos del trading, incluyendo el análisis fundamental y técnico, las diferentes estrategias de trading, la gestión de riesgos, la psicología del trading, y la importancia de la planificación y el registro. También hemos proporcionado recursos adicionales para que sigas aprendiendo y mejorando tus habilidades.

CONSEJOS FINALES

El trading puede ser una actividad emocionante y lucrativa, pero también conlleva riesgos significativos. Aquí hay algunos consejos finales para ayudarte en tu camino:

- **Educación Continua**: Nunca dejes de aprender. Los mercados financieros están en constante cambio, y mantenerse actualizado es crucial.
- **Disciplina y Paciencia**: La disciplina y la paciencia son esenciales para el éxito en el trading. Sigue tu plan de trading y no te dejes llevar por las emociones.
- **Gestión de Riesgos**: Siempre gestiona tus riesgos adecuadamente. Protege tu capital y no arriesgues más de lo que puedes permitirte perder.
- **Práctica**: Utiliza cuentas demo para practicar y perfeccionar tus estrategias antes de arriesgar dinero real.

MOTIVACIÓN PARA CONTINUAR APRENDIENDO

El camino hacia el éxito en el trading puede ser desafiante, pero con dedicación, educación y práctica, puedes alcanzar tus objetivos. Recuerda que cada trader exitoso ha pasado por una curva de aprendizaje similar. Mantén la motivación, aprende de tus errores y sigue mejorando.

¡Buena suerte en tu viaje de trading y que tus operaciones sean exitosas!

GLOSARIO

- **Activo**: Cualquier recurso económico que puede ser comprado, vendido o intercambiado en el mercado.
- **Broker**: Intermediario que facilita las operaciones de compra y venta en los mercados financieros.
- **Spread**: Diferencia entre el precio de compra y el precio de venta de un activo.
- **Leverage (Apalancamiento)**: Uso de fondos prestados para aumentar la exposición en el mercado, permitiendo a los traders controlar una posición más grande con una inversión menor.
- **Margin (Margen)**: Cantidad de dinero que un trader debe depositar para abrir una posición apalancada.
- **Pip**: Unidad de medida del movimiento del precio en el mercado Forex, generalmente el cuarto decimal en un par de divisas.
- **Stop Loss**: Orden para vender un activo cuando su precio alcanza un nivel predeterminado, limitando las pérdidas.
- **Take Profit**: Orden para vender un activo cuando su precio alcanza un nivel predeterminado, asegurando las ganancias.
- **Scalping**: Estrategia de trading que implica realizar múltiples operaciones en un solo día para obtener pequeñas ganancias en cada operación.
- **Day Trading**: Estrategia de trading que implica comprar y vender activos dentro del mismo día de trading.
- **Swing Trading**: Estrategia de trading que implica mantener posiciones durante varios días o semanas.

- **Position Trading**: Estrategia de trading que implica mantener posiciones durante meses o incluso años.
- **Análisis Fundamental**: Método para evaluar el valor intrínseco de un activo financiero al examinar factores económicos, financieros y otros cualitativos y cuantitativos relacionados.
- **Análisis Técnico**: Método de evaluación de activos que utiliza datos históricos de precios y volúmenes para predecir futuros movimientos de precios.

RECURSOS ADICIONALES

ENLACES ÚTILES

- **Investopedia**: https://www.investopedia.com/ - Una excelente fuente de información y artículos sobre trading y finanzas.
- **TradingView**: https://www.tradingview.com/ - Plataforma de gráficos interactivos y comunidad de traders.
- **BabyPips**: https://www.babypips.com/ - Recursos educativos y foros para traders de Forex.

BIBLIOGRAFÍA

- Graham, Benjamin. *El inversor inteligente*. Editorial Deusto.
- Elder, Alexander. *Trading for a Living*. John Wiley & Sons.
- Schwager, Jack D. *Market Wizards*. HarperBusiness.

www.ingramcontent.com/pod-product-compliance
Lightning Source LLC
Chambersburg PA
CBHW031419210526
45464CB00005B/1962